El PACTO *de Sangre*

E.W. KENYON

WHITAKER
HOUSE

Traducción al español realizada por:
Belmonte Traductores
Manuel de Falla, 2
28300 Aranjuez
Madrid, ESPAÑA
www.belmontetraductores.com

El Pacto de Sangre

Publicado originalmente en inglés bajo el título:
The Blood Covenant

Dr. E. W. Kenyon
Kenyon's Gospel Publishing Society
P.O. Box 973
Lynnwood, WA 98046-0973
www.kenyons.org

ISBN: 978-1-60374-498-0
Impreso en los Estados Unidos de América
© 2012 por Kenyon's Gospel Publishing Society, Inc.

Whitaker House
1030 Hunt Valley Circle
New Kensington, PA 15068
www.whitakerhouse.com

Por favor, envíe comentarios o sugerencias para hacer mejoras a este libro a: comentarios@whitakerhouse.com.

2 3 4 5 6 7 8 9 10 11 12   **W**   19 18 17 16 15 14 13 12

Contenido

Prólogo

*E*ste tema abre un campo totalmente nuevo de investigación y estudio para todos aquellos que tienen un gran interés en obtener las mejores y más abundantes provisiones de Dios para el hombre. Los que han tenido el privilegio de escuchar las clases del Dr. Kenyon sobre este tema han pedido desde hace ya mucho tiempo su publicación.

La verdad escondida en la práctica de la comunión, o la cena del Señor, y formar su fundamento es de una naturaleza tal que su corazón se emocionará como respuesta a las posibilidades que se presentan. Esta verdad le estimulará a aferrarse al mismo poder, victoria y milagros que se convirtieron en parte de la vida cotidiana de los apóstoles.

Es imposible describir con palabras lo que El Pacto de Sangre significará para usted una vez que aprenda lo que es.

Mi padre, el Dr. E. W. Kenyon, autor de este libro, partió a su morada con el Señor el 19 de marzo 1948, pero la obra que comenzó continúa bendiciendo a innumerables personas.

Este libro se publica como un ceremonial en su honor.

—**Ruth A. Kenyon**

Capítulo 1

El nuevo pacto en la sangre de Jesús

Durante años, viví convencido de que había algo en la maravillosa práctica de la comunión, también conocida como la cena del Señor o la Santa Cena, que yo no entendía.

Piense, por ejemplo, en el silencio de los discípulos cuando Jesús les habló de ella, cuando tomó el pan y dijo: *"Tomad, comed; esto es mi cuerpo"* (Mateo 26:26), y cuando tomó la copa y dijo: *"esto es mi sangre del nuevo pacto, que por muchos es derramada para remisión de los pecados"* (versículo 28). El silencio de los discípulos me indica que entendieron lo que Él quería decir con eso.

Yo no lo entendía, y me sentía confuso.

Durante mucho tiempo me hice la pregunta: ¿Cuál es el principio subyacente que contiene esta excepcional práctica?

El mismo lenguaje de Jesús, cuando dijo: *"De cierto, de cierto os digo: Si no coméis la carne del Hijo del Hombre, y bebéis su sangre, no tenéis vida en vosotros"* (Juan 6:53), aún me confundía más.

¿Qué quiso decir con eso?

Entonces, llegó a mis manos un libro del Dr. H. Clay Trumbull, antiguo editor de *The Sunday School Times*, en el que mostraba que había habido un "pacto de sangre" que muchas culturas primitivas habían practicado desde tiempos inmemoriales. De hecho, este pacto de sangre es la base de muchas de aquellas religiones.

El Dr. Trumbull aportaba datos provenientes de todas las partes del mundo que mostraban que en África, India, China, Borneo y muchas otras islas, la gente seguía practicando un pacto de sangre muy similar a nuestra Santa Cena. En muchos casos, había degenerado hacia otros significados y, sin embargo, las marcas de esta original revelación de Dios continuaban.

En los libros de Henry Morton Stanley de exploración en África, nos cuenta cómo "cortó el pacto" más de cincuenta veces con diferentes tribus de la zona. El misionero escocés David Livingstone citaba la misma práctica durante sus viajes, como también lo han hecho otros que han trabajado como exploradores y misioneros en África.

Quizá nos ayudaría a entenderlo si mirásemos la palabra hebrea para *pacto*, cuyo significado literal es "cortar". Sugiere una incisión de la que fluye sangre. Prácticamente en todos los lugares donde se usa la palabra *pacto* en las Escrituras, su significado literal es "cortar el pacto".

Capítulo 2

Origen del pacto de sangre

*E*l sacramento de la comunión está basado en el pacto más antiguo que se conozca en la familia humana, uno que comenzó en el huerto del Edén. Es evidente que Dios cortó el pacto y entró en un pacto con Adán en el comienzo.

> *Es evidente que Dios cortó el pacto y entró en un pacto con Adán en el comienzo.*

La razón por la que creo esto es que, como ya he dicho, no hay ningún pueblo primitivo en el mundo, al menos que se sepa, que no haya practicado un pacto de sangre de alguna forma, demostrando que todas estas prácticas tienen un origen dado por Dios que ha sido transmitido a lo largo de los siglos.

En la actualidad, cientos de tribus en el África subsahariana cortan el pacto. Los misioneros lo han visto realizarse, pero la mayoría lo consideran sólo un rito pagano, no viendo en ello ninguna conexión con su origen bíblico. Si los misioneros que entienden los lenguajes tribales pudieran explicar la Santa Cena a las personas de esas culturas y les hicieran entender lo que significa y cómo sus prácticas se han derivado de ella, quizá eso podría abrir una puerta para que el evangelio llegara hasta ellos.

Todo el plan de redención de Dios está conectado a dos pactos: el antiguo y el nuevo.

Razones para cortar el pacto

Hay tres razones por las que los hombres cortan el pacto entre ellos.

En primer lugar, si una tribu fuerte vive cerca de una tribu más débil, y hay peligro de que la tribu débil sea destruida por la tribu más fuerte, la más débil intentará "cortar el pacto" con la más fuerte, en un intento de autopreservarse.

En segundo lugar, dos empresarios que forman una sociedad podrían "cortar el pacto" (o hacer un contrato) para asegurarse de que ninguna de las dos partes se aprovechará de la otra.

En tercer lugar, si dos hombres están unidos por una amistad como la de David y Jonatán, deben formalizar su vínculo "cortando un pacto" (véase 1 Samuel 18:1–3).

El método de cortar el pacto

El método de cortar el pacto es muy similar en todo el mundo, pero existen algunas diferencias. En algunos lugares ha degenerado hasta convertirse en un rito de sangre grotesco y horrible. Sin embargo, deriva del mismo pacto de sangre.

El tipo de pacto practicado por las tribus nativas de África, por los árabes, por los sirios y por los balcánicos es este:

Cuando dos partes desean cortar un pacto, se reúnen con sus amigos y un sacerdote o un hombre santo. Primero intercambian regalos para indicar que todas sus posesiones materiales serán compartidas por ambos. Tras el intercambio de regalos, el sacerdote hace una incisión en el brazo de un hombre, el cual deja que la sangre caiga en una copa llena de vino. Lo mismo se hace con el otro hombre, que también deja que su sangre caiga en la copa. Se remueve el vino y la sangre se mezcla, y después cada hombre bebe de la copa hasta que se acaba el vino.

En algunas ceremonias, también presionan una contra la otra sus muñecas cortadas para que se mezclen sus sangres, o pueden tocar con sus lenguas la herida de la otra persona.

Al practicar este ritual, las dos partes se convierten en "hermanos de sangre".

Lo sagrado del pacto de sangre

En sus escritos, Henry Morton Stanley decía que nunca conoció ningún pacto así que se hubiera roto en África, independientemente de cuál hubiera sido la provocación. El Dr. Livingstone también dio testimonio de esto, exclamando que él tampoco vio nunca la ruptura de tal pacto. Este pacto de sangre se considera sagrado entre las culturas más primitivas.

> *Después de cortar el pacto, los enemigos más viles se convierten en amigos de confianza en el momento en que cortan el pacto.*

En África, si una de las partes rompe el pacto, su propia madre, cónyuge o familiar más cercano procuraría su muerte. Ningún hombre que haya roto el pacto puede vivir en África. La tierra por la que camine se consideraría maldita.

Después de cortar el pacto, los enemigos más viles se convierten en amigos de confianza en el momento en que cortan el pacto. Ningún hombre puede aprovecharse del pacto o romperlo. Es algo tan sagrado que los hijos hasta la tercera y cuarta generación lo respetan y lo guardan. En otras palabras, es algo perpetuo e indisoluble; no se puede anular.

Capítulo 3

El pacto en África

Una ilustración de Henry Stanley podría ayudarnos a entender el significado del pacto.

Cuando Stanley estaba buscando a Livingstone, contactó con una poderosa tribu africana. Eran agresivos y guerreros, y Stanley no estaba en condición de luchar contra ellos. Finalmente, el intérprete de Stanley preguntó por qué simplemente no hacía un pacto con ellos. Le dijeron que eso conllevaba beber la sangre el uno del otro. A Stanley no le agradaba mucho una práctica así, pero sus circunstancias seguían empeorando hasta que finalmente el intérprete le volvió a preguntar una vez más por qué no cortaba el pacto con el jefe de la tribu.

Cuando Stanley preguntó cuáles serían los resultados de hacer un pacto así, el intérprete le respondió: "Todo lo que tiene el jefe será tuyo si lo necesitas".

Esto llamó la atención de Stanley, y decidió investigar más.

Tras varios días de negociaciones, Stanley y el jefe llegaron al pacto. Primero hubo una consulta en la que el jefe le preguntó a Stanley cuáles eran sus motivos y su posición, así como su capacidad para cumplir el pacto. Después, hubo un intercambio de regalos. El jefe quería la cabra blanca de Stanley. Stanley había tenido una salud delicada, y la leche de cabra era lo único que podía tomar para alimentarse, así que fue muy difícil para él tener que entregarla, pero el jefe era insistente. Finalmente, Stanley le entregó la cabra,

13

y el jefe le ofreció a cambio su gran lanza de cobre de más de dos metros. Stanley supuso que había salido perdiendo en el intercambio, pero más adelante descubrió que dondequiera que iba en África con esa lanza, todos se postraban y se sometían a él.

Después el jefe trajo a uno de sus príncipes. De igual forma, Stanley trajo a uno de sus hombres de Inglaterra. Un sacerdote avanzó con una copa de vino, hizo una incisión en la muñeca del príncipe y dejó que unas gotas de su sangre cayeran en la copa de vino. De igual modo, hizo una incisión en la muñeca del joven inglés y dejó que unas gotas de su sangre cayeran en el cáliz. Removió el vino, mezclándolo con la sangre. El sacerdote le entregó la copa al inglés, quien bebió una parte. Después se la entregó al príncipe, el cual se terminó lo que quedaba. Después, los dos hombres juntaron sus muñecas para mezclar sus sangres.

Ahora, se habían convertido en hermanos de sangre. Esos dos hombres sirvieron como sustitutos, pero habían atado a Stanley y al jefe de la tribu, así como a los hombres de Stanley y a los soldados del jefe, en una hermandad de sangre que sería indisoluble.

Frotaron con pólvora sus heridas para que quedara una marca negra al cicatrizar, indicando con ello a todo el que los viera que eran hombres de pacto. Esas heridas servían como una tarjeta de visita de su pacto.

Finalmente, se plantaron árboles que eran conocidos por su larga vida.

El monumento conmemorativo

Parece que siempre que se celebra un pacto de sangre en un país donde crecen árboles, se realiza algún tipo de ceremonia de plantación. A menudo, se les llama "árboles del pacto".

En lugares donde no crecen árboles, se suele alzar una montaña de piedras o un monumento para recordar tanto a las partes implicadas en el pacto como a todos sus descendientes su contrato indisoluble.

Cuando Abraham y Abimelec hicieron un pacto, Abraham apartó siete corderas.

> *Y tomó Abraham ovejas y vacas, y dio a Abimelec; e hicieron ambos pacto. Entonces puso Abraham siete corderas del rebaño aparte. Y dijo Abimelec a Abraham: ¿Qué significan esas siete corderas que has puesto aparte? Y él respondió: Que estas siete corderas tomarás de mi mano, para que me sirvan de testimonio de que yo cavé este pozo.* (Génesis 21:27–30)

Estas corderas eran el monumento conmemorativo. Al crecer y reproducirse, los rebaños serían un recordatorio continuo del pacto que habían cortado estos dos hombres.

Después de plantar los árboles en la ceremonia del corte del pacto entre Stanley y el jefe, el jefe dio un paso al frente y gritó: "Vengan, compren y vendan con Stanley, porque es nuestro hermano de sangre".

Unas horas antes, los hombres de Stanley habían estado en un continuo estado de alerta para proteger sus balas de prendas de algodón y baratijas de los miembros de la tribu. Ahora, Stanley pudo abrir las balas y dejarlas en la calle sin protección alguna, ya que nadie las tocaría. Si alguien decidiera robarle algo a Stanley, ahora un hermano de sangre, tal delito traería con él la pena de muerte.

> *En el momento que se solemniza un pacto de sangre, todo lo que cada una de las partes del pacto posee en el mundo queda a disposición de su hermano de sangre.*

Ahora, el jefe haría cualquier cosa por su nuevo hermano. Stanley no llegó a entender del todo lo sagrado que era ese pacto. Incluso años después, aún seguía dándole vueltas. En el momento que se solemniza un pacto de sangre, todo lo que cada una de las partes del pacto posee en el mundo queda a disposición de su hermano de sangre. Al mismo tiempo, este hermano nunca pediría nada a menos que se viese absolutamente forzado a necesitarlo.

Algunas de las historias más bellas que conozco en el mundo son historias de hermanos de pacto de sangre.

Maldiciones y bendiciones

Hay un detalle importante que no he incluido en el relato de esta ceremonia. En el momento en que los dos sustitutos bebieron de la copa que contenía la sangre del otro, un sacerdote procedió a anunciar las maldiciones más horribles que Stanley jamás había oído, maldiciones que le ocurrirían a cualquiera de las partes que rompiera el pacto.

Cuando Moisés repartió la tierra a las diferentes tribus de Israel, les hizo ver las montañas de bendiciones y de maldiciones que recaerían sobre ellos si dejaban de permanecer en su pacto con Dios (véase Deuteronomio 11; 27). Entonces Dios proclamó que cada año tenían que pronunciar las bendiciones desde el monte Gerizim y las maldiciones desde el monte Ebal (véase Deuteronomio 11:29).

Capítulo 4

Jehová corta el pacto con Abram

Antes de que Dios entrara en un pacto formal con Abram, había hecho una promesa.

> Y [Dios] *lo llevó fuera* [a Abram], *y le dijo: Mira ahora los cielos, y cuenta las estrellas, si las puedes contar. Y le dijo: Así será tu descendencia. Y* **creyó** *a Jehová, y le fue contado por justicia.* (Génesis 15:5–6, énfasis añadido)

La palabra *"creyó"* significa que Abram hizo un compromiso incondicional de sí mismo, de todo lo que era y podría llegar a ser, a Dios. En hebreo, la palabra traducida como *"creyó"* significa "estar firme, confiar", pero también significa "establecer, ser fiel, llevar a cabo, hacer firme". Abram se entregó a Dios en un abandono total de sí mismo. Después, Dios le pidió que hiciera un sacrificio animal, un sacrificio de sangre (véase versículo 9). Abram obedeció.

El pacto abrahámico, que es la base tanto del judaísmo como del cristianismo, es quizá el contrato más maravilloso que jamás se haya promulgado.

Cortar el pacto

El pacto abrahámico, que es la base tanto del judaísmo como del cristianismo, es quizá el contrato

17

más maravilloso que jamás se haya promulgado. Ató a Abram (o Abraham, tras su cambio de nombre) y a sus descendientes con ataduras indisolubles con Jehová, y ató a Jehová y a Abraham y sus descendientes con la misma solemnidad.

Cuando Dios entró en un pacto formal con Abram, ocurrieron varias cosas sorprendentes. La Escritura dice que cuando Abraham tenía noventa y nueve años de edad, Dios se le apareció como *"Dios Todopoderoso"* (en hebreo, *El Shaddai*), y le dijo: *"anda delante de mí y sé perfecto. Y pondré mi pacto entre mí y ti, y te multiplicaré en gran manera"* (Génesis 17:1–2).

Entonces, Abraham se postró sobre su rostro mientras Dios seguía hablándole, diciendo: *"He aquí mi pacto es contigo, y serás padre de muchedumbre de gentes. Y no se llamará más tu nombre Abram, sino que será tu nombre Abraham, porque te he puesto por padre de muchedumbre de gentes"* (versículos 4–5).

Este pacto fue para todo Israel, los hijos de Abraham, y tras de él estaban la promesa y el juramento de Dios. *"Y te daré a ti, y a tu descendencia después de ti, la tierra en que moras, toda la tierra de Canaán en heredad perpetua; y seré el Dios de ellos. Dijo de nuevo Dios a Abraham: En cuanto a ti, guardarás mi pacto, tú y tu descendencia después de ti por sus generaciones"* (versículos 8–9).

Finalmente, Dios estableció su pacto, diciendo: *"Este es mi pacto, que guardaréis entre mí y vosotros y tu descendencia después de ti: Será circuncidado todo varón de entre vosotros. Circuncidaréis, pues, la carne de vuestro prepucio, y será por señal del pacto entre mí y vosotros"* (versículos 10–11).

Cuando eso fue hecho, Dios y Abraham habían entrado en pacto.

Significaba que todo lo que Abraham poseía (o llegaría a tener) había sido puesto sobre el altar. También significaba que Dios sostendría y protegería a Abraham y a sus descendientes mientras vivieran cumpliendo el pacto.

Algunos hechos del pacto

El sello del pacto entre Dios y Abraham fue la circuncisión. Todo niño varón fue circuncidado a los ocho días de edad, simbolizando la entrada en el pacto abrahámico. Cuando un niño entraba en el pacto, se convertía en heredero de todo lo relacionado con el pacto. Si el padre y la madre del niño morían, otro israelita estaba obligado a cuidar de ese niño. Si sólo el padre moría, entonces otro israelita cuidaría de la viuda. Esto era parte de la ley del pacto.

> *Cuando un niño entraba en el pacto, se convertía en heredero de todo lo relacionado con el pacto.*

Obligaciones del pacto

Y estará mi pacto en vuestra carne por pacto perpetuo. (Génesis 17:13)

La marca de la circuncisión en sus cuerpos era el sello de su lugar en el pacto. Mientras Israel guardara este pacto, que se volvió a renovar con Moisés, ningún enemigo extranjero en todo el mundo podía conquistar ni tan siquiera una de sus aldeas.

Cuando Dios sacó a Israel de Egipto, no tenían ni ley ni sacerdocio. Finalmente, Dios les dio los Diez

Mandamientos, el sacerdocio, la expiación, los sacrificios y ofrendas en el templo, el chivo expiatorio y la adoración en el templo. Todo estaba disponible para Israel a través del pacto.

Este pacto no provino de los Diez Mandamientos, como insisten algunos de los cristianos contemporáneos. Por el contrario, el pacto fue la razón de que existieran los mandamientos y la ley.

Cuando Dios cortó el pacto con Abraham, la nación israelita se convirtió en un "pueblo de pacto".

Capítulo 5

El sacrificio de Abraham

> *Y [Dios] dijo: Toma ahora tu hijo, tu único,*
> *Isaac, a quien amas, y vete a tierra de Moriah,*
> *y ofrécelo allí en holocausto sobre uno de los*
> *montes que yo te diré.* (Génesis 22:2)

*E*ste fue el mandamiento más aterrador de Dios que Abraham recibió mientras estaba paralizado en la presencia de Dios. No hubo vacilación por parte de Abraham.

Piense en lo que eso significaba para él. Abraham y Sara eran ancianos. Abraham tenía casi cien años de edad, y Sara tenía noventa años. Según la ciencia y la biología, era imposible que ellos pudieran convertirse en padres de un niño. Incluso la Escritura confirmaba esto: *"Y Abraham y Sara eran viejos, de edad avanzada; y a Sara le había cesado ya la costumbre de las mujeres"* (Génesis 18:11).

Pero, como parte de su pacto, Dios le había prometido a Abraham un hijo.

> *A Sarai tu mujer no la llamarás Sarai, mas*
> *Sara será su nombre. Y la bendeciré, y tam-*
> *bién te daré de ella hijo; sí, la bendeciré, y ven-*
> *drá a ser madre de naciones; reyes de pueblos*
> *vendrán de ella. Entonces Abraham se postró*
> *sobre su rostro, y se rió, y dijo en su corazón:*
> *¿A hombre de cien años ha de nacer hijo? ¿Y*

21

Sara, ya de noventa años, ha de concebir?... Respondió Dios: Ciertamente Sara tu mujer te dará a luz un hijo, y llamarás su nombre Isaac; y confirmaré mi pacto con él como pacto perpetuo para sus descendientes después de él. (Génesis 17:15–17, 19)

El apóstol Pablo escribió:

Y [Abraham] no se debilitó en la fe al considerar su cuerpo, que estaba ya como muerto (siendo de casi cien años), o la esterilidad de la matriz de Sara. Tampoco dudó, por incredulidad, de la promesa de Dios, sino que se fortaleció en fe, dando gloria a Dios, plenamente convencido de que era también poderoso para hacer todo lo que había prometido. (Romanos 4:19–21)

Abraham "*tampoco dudó, por incredulidad, de la promesa de Dios, sino que se fortaleció en fe*". Abraham creyó a Dios.

Visitó Jehová a Sara, como había dicho, e hizo Jehová con Sara como había hablado. Y Sara concibió y dio a Abraham un hijo en su vejez, en el tiempo que Dios le había dicho. Y llamó Abraham el nombre de su hijo que le nació, que le dio a luz Sara, Isaac. (Génesis 21:1–3)

El niño creció y se convirtió en un joven, hasta que un día, Dios lo pidió.

Toma ahora tu hijo, tu único, Isaac, a quien amas, y vete a tierra de Moriah, y ofrécelo allí en holocausto sobre uno de los montes que yo te diré. (Génesis 22:2)

Abraham no dudó, aunque eso significaba renunciar a lo que tanto había querido, pero emprendió con el joven un viaje de tres días y tres noches.

Al llegar al monte Moriah, construyeron juntos el altar.

Abraham puso a Isaac sobre el altar y alzó un cuchillo para sacrificarle justamente cuando el ángel del Señor intervino, diciendo: *"Abraham, Abraham... No extiendas tu mano sobre el muchacho"* (Génesis 22:11–12).

> ### Dios había encontrado a un hombre que guardó el pacto.

Dios había encontrado a un hombre que guardó el pacto.

Después, el ángel volvió a hablar, diciendo:

Por mí mismo he jurado, dice Jehová, que por cuanto has hecho esto, y no me has rehusado tu hijo, tu único hijo; de cierto te bendeciré, y multiplicaré tu descendencia como las estrellas del cielo y como la arena que está a la orilla del mar. (versículos 16–17)

Observe que Dios dijo: *"Por mí mismo he jurado".* Esto es lo más solemne que un hombre puede imaginar.

Abraham había demostrado ser digno de la confianza de Dios.

El Dios que guarda el pacto

Antes de que esto ocurriera, cuando Dios estaba a punto de destruir Sodoma y Gomorra, Abraham apeló al Creador de una manera que deja estupefacta a la imaginación. Abraham preguntó: *"El Juez de toda la tierra, ¿no ha de hacer lo que es justo?"* (Génesis 18:25).

Después, Abraham comenzó a rogar por cualquier justo que pudiera haber en la ciudad. Dios permitió que Abraham, sobre la base de su relación de pacto de sangre, se convirtiera en un intercesor por las ciudades malvadas de Sodoma y Gomorra.

> *Cuando Abraham entró en el pacto, obtuvo el derecho a arbitrar entre los hombres malos de la tierra y el Dios de toda la creación.*

Cuando Abraham entró en el pacto, obtuvo el derecho a arbitrar entre los hombres malos de la tierra y el Dios de toda la creación.

Abraham estableció un precedente de intercesión sobre la base del pacto de sangre, un precedente que se ha mantenido a lo largo de los siglos.

Capítulo 6

El pacto abrahámico

*E*l pacto abrahámico fue la razón de que Israel existiera. No habría existido la nación de Israel si Dios no hubiera entrado en pacto con ellos.

Isaac, nacido mucho después de la edad en que Sara podía tener hijos, fue un niño milagro. Cuando los hijos de Isaac crecieron hasta ser adultos, la nación de Israel fue hasta Egipto escapando de una hambruna, y terminaron siendo esclavizados allí. Después de haber soportado la esclavitud durante más de trescientos años, Dios los liberó de Egipto. Ninguna otra nación ha sido jamás liberada como Israel lo fue. Fue una nación milagro, librados porque eran el pueblo del pacto de sangre de Dios.

En Éxodo 2 leemos:

> *… y los hijos de Israel gemían a causa de la servidumbre, y clamaron; y subió a Dios el clamor de ellos con motivo de su servidumbre. Y oyó Dios el gemido de ellos, y se acordó de su pacto con Abraham, Isaac y Jacob. Y miró Dios a los hijos de Israel, y los reconoció Dios.*
> (versículos 23–25)

Dios escuchó el gemido de Israel en Egipto y se acordó del pacto que había hecho con Abraham, Isaac y Jacob. No podía romper el pacto. No podía olvidarse de él o ignorarlo. Él es un Dios que guarda el pacto. Por tanto, envió a Moisés para liberar y sacar de Egipto a los descendientes de Abraham con señales y maravillas que asombraron a todos los que las vieron. Dios les preservó como nación porque eran su pueblo de pacto.

Dios escuchó el gemido de Israel en Egipto y se acordó del pacto que había hecho con Abraham, Isaac y Jacob. No podía romper el pacto. No podía olvidarse de él o ignorarlo. Él es un Dios que guarda el pacto.

Moisés sacó a Israel de Egipto a través de un desierto estéril donde, sobre la base del pacto, Dios suplió maná para comer y agua para beber para todo el pueblo, así como para su ganado.

Dios e Israel estaban atados entre sí. Mientras Israel guardó el pacto, no hubo personas enfermas entre ellos, nunca hubo una mujer estéril, no murió ningún bebé, ningún hombre o mujer joven moría a menos que rompieran el pacto. Cuando Dios dijo: *"Porque yo soy Jehová tu sanador"* (Éxodo 15:26), significaba que Él era el único médico de Israel.

Y Dios no sólo era su Médico; también era su Protector. Mientras ellos guardaron el pacto, no hubo suficientes ejércitos en todo el mundo que pudieran conquistar ni la aldea israelita más pequeña.

Finalmente, Israel recibió revelaciones de Dios, que incluían la ley, los profetas, el contenido de los libros de los Salmos y Proverbios, y todas las Escrituras que hoy componen el Antiguo Testamento.

Y por último, Dios envió al Mesías, Jesús, a Israel porque era su pueblo de pacto de sangre. Entonces Jesús se convirtió en el fundador de un nuevo pacto. Nosotros tenemos el nuevo pacto debido al antiguo pacto: el pacto abrahámico. Cuando aceptamos a Jesucristo como Señor y Salvador, participamos de las mismas bendiciones que tuvo Israel, pero las nuestras son mucho mejores debido al nuevo pacto, sellado por el regalo sacrificial de Jesucristo.

Capítulo 7

Israel, el pueblo del pacto de sangre

Quiero que preste atención a varias cosas milagrosas que tienen conexión con Israel, el pueblo del pacto de sangre.

Como ya he mencionado, este pacto garantizaba la protección física de Israel, protección tanto de sus enemigos como de la pestilencia y la enfermedad.

Israel viajó a Egipto y, a pesar de su esclavitud, se convirtió en una gran nación de más de tres millones de personas. Dios les sacó mediante una serie de milagros que hace temblar la razón humana. Lo hizo porque estaba en una relación de pacto de sangre con Israel; Él había prometido protegerles.

> *Este pacto garantizaba la protección física de Israel, protección tanto de sus enemigos como de la pestilencia y la enfermedad.*

Cuando los israelitas estaban a orillas del mar Rojo después de haber sido liberados de su esclavitud, Dios dijo: *"Si oyeres atentamente la voz de Jehová tu Dios, e hicieres lo recto delante de sus ojos, y dieres oído a sus mandamientos, y guardares todos sus estatutos, ninguna enfermedad de las que envié a los egipcios te enviaré a ti; porque yo soy Jehová tu sanador"* (Éxodo 15:26).

Dios era su Médico de pacto de sangre. A nosotros nos cuesta entender del todo lo que esto significaba. Sabemos que tras la liberación de Israel de Egipto, vagaron por el desierto durante cuarenta años. Durante ese periodo, Dios les dio una columna de nube para protegerles del ardiente sol del desierto y una columna de fuego durante la noche para darles luz y calor (véase Éxodo 13:21). Les dio comida y agua, y suplió todas sus necesidades.

La ley y el sacerdocio

Después, Dios les dio la ley de pacto de sangre. Lo llamamos la ley mosaica porque Moisés fue el instrumento mediante el cual llegó a Israel. Esta ley era para separarles de todas las demás naciones de la tierra. Era para hacerles un *"especial tesoro"* (Éxodo 19:5) sobre el que Dios pudiera derramar bendiciones poco frecuentes, todo ello sobre la base de su pacto de sangre.

El pacto era el centro sobre el que giraba toda la vida israelita.

Por supuesto, la ley fue quebrantada casi en el mismo instante en que fue dada. Así, se estableció el sacerdocio. Antes de ello, Israel nunca había tenido un sacerdocio señalado de forma divina; pero ahora, Dios escogió a los sacerdotes, y un sumo sacerdote que les guiara. Junto con el sacerdocio llegaron también las ofrendas de expiación. Nunca antes Israel había experimentado un día de la expiación.

Todas las ofrendas que Israel había conocido habían sido ofrendas de paz u ofrendas de holocaustos. Ahora, Dios señaló un sacrificio especial en el cual la sangre actuaría como una cubierta de protección por haber quebrantado la ley. Era una cubierta para la nación que les permitía habitar con Dios en medio de ellos.

En hebreo, la palabra usada para *expiación* significa "cubrir". Debido a su desobediencia al quebrantar la ley, Israel no era apta para estar al descubierto en la presencia de Dios. Por tanto, Él les dio el concepto de la expiación, simbolizado por la ofrenda de sangre que servía como una cobertura para el estado de muerte espiritual de la nación.

Una vez al año, el sumo sacerdote entraba en el Lugar Santísimo para hacer expiación, situándose entre Dios y su pueblo como una garantía del pacto. A menos que se produjera un pecado de extrema gravedad entre el pueblo, esta era la función principal del oficio de sumo sacerdote. En el día de la expiación, él depositaba los pecados del pueblo sobre dos machos cabríos. Uno de ellos era sacrificado, y el otro (el chivo expiatorio) era liberado en el desierto para ser destruido.

> *Debido a su desobediencia al quebrantar la ley, Israel no era apta para estar al descubierto en la presencia de Dios. Por tanto, Él les dio el concepto de la expiación.*

El oficio de sumo sacerdote se hizo necesario para poder mantener la comunión de Israel y su posición correcta delante de Dios y para asegurar su protección.

Con la expiación y el sacerdocio llegaron también otros sacrificios de pacto de sangre. Las cinco grandes ofrendas mencionadas en los primeros siete capítulos de Levítico son: los holocaustos, la ofrenda de comida, la ofrenda de paz, ofrendas por el pecado y la ofrenda expiatoria. Estas ofrendas tenían que ver con la comunión y la ruptura de la comunión con Dios. Tenían que ver con la vida cotidiana del pueblo.

Cuando un israelita estaba en comunión, podía llevar el holocausto, la ofrenda de comida o la ofrenda de paz. Otras ofrendas tenían que ver con las relaciones rotas. Cuando un hombre había pecado contra su hermano, tenía que llevar una ofrenda por el pecado. Cuando había pecado contra las cosas santas de Dios, llevaba una ofrenda de expiación.

Para mantener una buena posición con las distintas obligaciones y privilegios, los sacrificios de pacto de sangre de Israel se convirtieron en una práctica continua de su fe.

Bendición del pacto

Dios tenía ciertas obligaciones que cumplir como parte de su pacto. Tenía la obligación de proteger a Israel de los ejércitos de las naciones que les rodeaban, de hacer que su tierra produjera cosechas, y de asegurarse de que sus rebaños crecieran y se multiplicarán.

Dios era su Dios; ellos eran su pueblo de pacto. Él era su Conquistador y Protector.

La mano de Dios estaba sobre el pueblo de Israel dando bendición. Ellos crecieron en estatura y en riquezas. Se irrigaron sus montes; sus valles se llenaron de materias primas muy valiosas. No había ninguna otra nación como ellos. Dios era su Dios; ellos eran su pueblo de pacto. Él era su Conquistador y Protector.

Pues ha arrojado Jehová delante de vosotros
grandes y fuertes naciones, y hasta hoy nadie
ha podido resistir delante de vuestro rostro.
Un varón de vosotros perseguirá a mil; porque
Jehová vuestro Dios es quien pelea por voso-
tros, como él os dijo.   (Josué 23:9–10)

Otro ejemplo de protección se encuentra en uno de los mayores guerreros que jamás ha existido en el mundo. Sansón tenía protección divina, así como una gran fortaleza física y destreza.

Y Sansón descendió... a las viñas de Timnat,
he aquí un león joven que venía rugiendo hacia
él. Y el Espíritu de Jehová vino sobre Sansón,
quien despedazó al león como quien despeda-
za un cabrito, sin tener nada en su mano; y
no declaró ni a su padre ni a su madre lo que
había hecho.   (Jueces 14:5–6)

Se decía que uno de los hombres fuertes del rey David fue capaz de matar a ochocientos enemigos en un solo combate (véase 2 Samuel 23:8).

Israel era el *"especial tesoro"* de Dios. Era el tesoro del corazón de Dios.

El juicio

Uno de los eventos más trágicos en la historia de la humanidad fue la destrucción de la ciudad de Jerusalén, cuando la mayor parte de la nación de Israel fue llevada en cautiverio a Babilonia por haber pecado contra el pacto.

Dios les había advertido de las maldiciones que vendrían sobre ellos si rompían el pacto con Él.

Jehová te herirá de tisis, de fiebre, de infla-
mación y de ardor, con sequía, con calamidad
repentina y con añublo; y te perseguirán hasta
que perezcas. Y los cielos que están sobre tu
cabeza serán de bronce, y la tierra que está de-
bajo de ti, de hierro. Dará Jehová por lluvia a
tu tierra polvo y ceniza; de los cielos descen-
derán sobre ti hasta que perezcas. Jehová te
entregará derrotado delante de tus enemigos;
por un camino saldrás contra ellos, y por siete
caminos huirás delante de ellos; y serás vejado
por todos los reinos de la tierra.

(Deuteronomio 28:22—25)

Jerusalén estaba en ruinas, y el templo fue destruido por completo, todo debido a que Israel había
roto su relación de pacto de sangre con Dios.

Capítulo 8

El nuevo pacto

*E*se es el trasfondo histórico cuando llegamos al Nuevo Testamento.

Cuando Jesús se reunió con sus discípulos la noche antes de su crucifixión, dijo:

¡Cuánto he deseado comer con vosotros esta pascua antes que padezca!... Y tomó el pan y dio gracias, y lo partió y les dio, diciendo: Esto es mi cuerpo, que por vosotros es dado; haced esto en memoria de mí. De igual manera, después que hubo cenado, tomó la copa, diciendo: Esta copa es el nuevo pacto en mi sangre, que por vosotros se derrama.

(Lucas 22:15, 19–20)

El antiguo pacto de sangre fue la base sobre la que se fundó el nuevo pacto. Ahora podrá entender que cuando Jesús dijo: *"Esta copa es el nuevo pacto en mi sangre"*, los discípulos supieran lo que Él quería decir. Ellos conocían el significado del antiguo pacto de sangre; sabían que cuando cortaron el pacto con Jesús en ese aposento alto, habían entrado en el pacto más fuerte y sagrado que el corazón humano conoce.

> *El antiguo pacto de sangre fue la base sobre la que se fundó el nuevo pacto.*

Jesús, la fianza

Jesús nos da un nuevo pacto, habiendo reemplazado y cumplido el antiguo pacto (véase Hebreos 10:9). Así como el antiguo pacto fue sellado con la circuncisión, el nuevo pacto queda sellado con el nuevo nacimiento. El antiguo pacto tenía el sacerdocio levítico. Ahora el nuevo pacto tiene a Jesús como nuestro Sumo Sacerdote. Somos su sacerdocio real y santo.

> *Mas vosotros sois linaje escogido, real sacerdocio, nación santa, pueblo adquirido por Dios, para que anunciéis las virtudes de aquel que os llamó de las tinieblas a su luz admirable; vosotros que en otro tiempo no erais pueblo, pero que ahora sois pueblo de Dios; que en otro tiempo no habíais alcanzado misericordia, pero ahora habéis alcanzado misericordia.*
>
> (1 Pedro 2:9–10)

El primer sacerdocio tenía un templo en el que Dios moraba en el Lugar Santísimo con el arca del pacto. En el nuevo pacto, nuestros cuerpos son el templo de Dios. Su Espíritu mora en nosotros.

Jehová era la fianza (o garantía) del antiguo pacto. Jesús respalda cada frase en el nuevo pacto. *"Por tanto, Jesús es hecho fiador de un mejor pacto"* (Hebreos 7:22). Él es el gran Intercesor del nuevo pacto.

> [Jesús] *puede también salvar perpetuamente a los que por él se acercan a Dios, viviendo siempre para interceder por ellos.* (versículo 25)

Dios mismo se ató con un juramento como la fianza del antiguo pacto. El día en que Abraham ofreció a su precioso hijo Isaac como sacrificio, Dios dijo: *"Por mí mismo he jurado"* (Génesis 22:16).

Así como Dios respaldó el antiguo pacto como su garantía, de igual modo Jesús es la garantía de cada palabra del nuevo pacto.

¡Qué fe tan fuerte debiera ser edificada sobre este fundamento! Los recursos del cielo respaldan a Jesús y a nuestro nuevo pacto.

Capítulo 9

Contraste entre los dos pactos

Echemos un vistazo a los dos grandes pactos de la Biblia: el pacto abrahámico, también conocido como el antiguo pacto, y el nuevo pacto.

El antiguo pacto era entre Abraham y Jehová y se selló con la circuncisión.

> *Dijo de nuevo Dios a Abraham: En cuanto a ti, guardarás mi pacto, tú y tu descendencia después de ti por sus generaciones. Este es mi pacto, que guardaréis entre mí y vosotros y tu descendencia después de ti: Será circuncidado todo varón de entre vosotros. Circuncidaréis, pues, la carne de vuestro prepucio, y será por señal del pacto entre mí y vosotros... y estará mi pacto en vuestra carne por pacto perpetuo. Y el varón incircunciso, el que no hubiere circuncidado la carne de su prepucio, aquella persona será cortada de su pueblo; ha violado mi pacto.* (Génesis 17:9–11, 13–14)

Este era el pacto abrahámico. La ley que después se entregó mediante Moisés se convirtió en el método por el que se administraba este pacto, con su establecimiento del sacerdocio, los sacrificios, las ceremonias y las ofrendas. En el instante en que se quebrantó la ley, Dios proveyó la expiación (o cobertura) para restablecer el acuerdo roto (véase Éxodo 24).

La palabra *expiación* no es una palabra del Nuevo Testamento; no aparece en el griego del Nuevo

> **Mientras que la expiación solamente nos cubre, la sangre de Jesucristo nos limpia por completo.**

Testamento ¿Por qué? Mientras que la expiación solamente nos cubre, la sangre de Jesucristo nos limpia por completo. En otras palabras, el antiguo pacto sólo cubría el pecado; el nuevo pacto borra nuestro pecado.

El antiguo pacto no nos daba una comunión total con Dios sino sólo un tipo de comunión. A Israel le aportó protección y suplió sus necesidades físicas. Dios era el Sanador de Israel, su Protector y Proveedor. De igual modo, el antiguo pacto no ofrecía vida eterna o nuevo nacimiento. Era tan sólo una sombra. Los sacrificios del templo no podían hacer que el hombre fuera santo. Por tanto, el antiguo pacto sólo servía como la promesa de un nuevo y mejor pacto que un día llegaría.

> *Porque la ley, teniendo la sombra de los bienes venideros, no la imagen misma de las cosas, nunca puede, por los mismos sacrificios que se ofrecen continuamente cada año, hacer perfectos a los que se acercan. De otra manera cesarían de ofrecerse, pues los que tributan este culto, limpios una vez, no tendrían ya más conciencia de pecado.* (Hebreos 10:1–2)

La sangre de los becerros y machos cabríos era incapaz de limpiar la conciencia de pecado del hombre.

Alabado sea Dios, que hay un sacrificio que limpia la conciencia de pecado para que el hombre pueda estar ante la presencia del Padre libre de condenación.

*Justificados, pues, por la fe, tenemos paz
para con Dios por medio de nuestro Señor
Jesucristo.* (Romanos 5:1)

*Ahora, pues, ninguna condenación hay para
los que están en Cristo Jesús.* (Romanos 8:1)

Dios se convierte en nuestra justicia, o nuestra
justificación, *"a fin de que él sea el justo, y el que justifica al que es de la fe de Jesús"* (Romanos 3:26).

El ministro del santuario

El antiguo pacto fue sellado
con la circuncisión, la sangre de
Abraham.

Este nuevo pacto queda sellado con la sangre de Jesucristo,
el Hijo de Dios.

En el antiguo pacto, el sumo
sacerdote entraba en un tabernáculo hecho por el hombre una vez
al año para ofrecer sacrificios de
sangre por los pecados de la na-

> **En el nuevo
> pacto tenemos
> un nuevo Sumo
> Sacerdote,
> Jesucristo, que
> nunca fallará a
> su pueblo.**

ción. Si el sumo sacerdote no hacía sus tareas, el pueblo no tenía otra manera de llegar a Dios.

En el nuevo pacto tenemos un nuevo Sumo Sacerdote, Jesucristo, que nunca fallará a su pueblo. Él
es el ministro del verdadero tabernáculo, el cual no
construyeron manos de hombres sino el Señor mismo.

*... tenemos tal sumo sacerdote, el cual se sen-
tó a la diestra del trono de la Majestad en
los cielos... Pero ahora tanto mejor ministerio
es el suyo, cuanto es mediador de un mejor*

pacto, establecido sobre mejores promesas.

(Hebreos 8:1, 6)

El sumo sacerdote del antiguo pacto era un mediador terrenal entre Israel y Jehová. Bajo el nuevo pacto, Jesús se convirtió en nuestro Mediador ante Dios, una función que exploraremos más en el siguiente capítulo.

Capítulo 10

Un estudio de Hebreos

*E*l libro de Hebreos presenta varios contrastes vitales. Tenemos el contraste entre Moisés y Jesús; el de Aarón el sumo sacerdote y Jesús, el nuevo Sumo Sacerdote; y el contraste entre la sangre de los becerros y los machos cabríos con la sangre de Cristo.

No es sólo un contraste de sangre, sino, como mencioné en el capítulo anterior, es también un contraste entre dos tabernáculos: uno hecho por el hombre y otro que existe en el cielo. En este último tabernáculo, Jesús entra y se sienta como nuestro Sumo Sacerdote. Su hogar es el Lugar Santísimo celestial.

> *Porque no entró Cristo en el santuario hecho de mano, figura del verdadero, sino en el cielo mismo para presentarse ahora por nosotros ante Dios.* (Hebreos 9:24)

Bajo el antiguo pacto, el sumo sacerdote podía entrar en el Lugar Santísimo sólo una vez al año y podía estar tan sólo el tiempo suficiente para realizar la ofrenda de expiación. Los versículos 21–23 nos habla de cómo el sumo sacerdote limpiaba con sangre el tabernáculo y todos los vasos:

> *Y además de esto, roció también con la sangre el tabernáculo y todos los vasos del ministerio. Y casi todo es purificado, según la ley, con sangre; y sin derramamiento de sangre no se hace remisión. Fue, pues, necesario que las*

figuras de las cosas celestiales fuesen purifi-
cadas así; pero las cosas celestiales mismas,
con mejores sacrificios que estos.

(Hebreos 9:21–23)

Este es el clímax de todo. Esto nos permite ver el contraste entre cómo ve Dios la sangre de Cristo comparada con la sangre de los becerros y los machos cabríos. Cuando lleguemos a valorar la sangre de Cristo del mismo modo que Dios la valora, nunca cabrá en nuestra mente el problema de nuestra modesta posición ante un Dios santo.

El nuevo mediador

> *Cuando lleguemos a valorar la sangre de Cristo del mismo modo que Dios la valora, nunca cabrá en nuestra mente el problema de nuestra modesta posición ante un Dios santo.*

Bajo el antiguo pacto, la sangre de becerros y machos cabríos sólo servía para cubrir nuestra naturaleza pecaminosa, pero la sangre de Cristo *"limpiará vuestras conciencias de obras muertas"* (Hebreos 9:14), para que podamos estar en la presencia del Dios vivo libres de condenación.

Como Dios aceptó la sangre de Jesús cuando Él la llevó al Lugar Santísimo celestial, Jesús se ha convertido, mediante este hecho, en el mediador del nuevo pacto.

Porque hay un solo Dios, y un solo mediador
entre Dios y los hombres, Jesucristo hombre.

(1 Timoteo 2:5)

Sin un mediador, no hay ninguna base sobre la que el hombre pueda posicionarse ante un Dios santo. El hombre natural realmente es un fugitivo.

Efesios 2:12 describe esta triste condición como *"sin esperanza y sin Dios en el mundo"*.

Con el nuevo pacto, Jesús se convirtió en el mediador entre Dios y el hombre caído. La sangre de los becerros y los machos cabríos no eliminaba el pecado; simplemente cubría el pecado temporalmente. Pero cuando Cristo vino, redimió a todos los que habían puesto su confianza en esa sangre animal.

> *Así que, por eso es mediador de un nuevo pacto, para que interviniendo muerte para la remisión de las transgresiones que había bajo el primer pacto, los llamados reciban la promesa de la herencia eterna.* (Hebreos 9:15)

Bajo el antiguo pacto, los sacrificios eran como un pagaré que Jesús más tarde haría efectivo en el Calvario. Cuando Dios envió a su Hijo a la tierra para hacerse pecado, estaba guardando su pacto con Israel al poner sobre Jesús todos los pecados cometidos bajo el antiguo pacto. Fue el plan de Dios que, al aceptar a Jesús como su Salvador, Israel pudiera entrar en su redención prometida.

> *Bajo el nuevo pacto, los pecados no son cubiertos sino quitados de en medio; son remitidos. Es como si nunca hubieran estado.*

Él quitó de en medio el pecado

Este es el corazón del libro de Hebreos. Bajo el antiguo pacto, el pecado era cubierto. La sangre que cubría en la expiación era la única vía disponible para los israelitas; pero bajo el nuevo pacto, los pecados no son cubiertos sino quitados de en medio; son remitidos. Es como si nunca hubieran estado.

> *Y no para ofrecerse muchas veces, como entra el sumo sacerdote en el Lugar Santísimo cada año con sangre ajena. De otra manera le hubiera sido necesario padecer muchas veces desde el principio del mundo; pero ahora, en la consumación de los siglos, se presentó una vez para siempre por el sacrificio de sí mismo para quitar de en medio el pecado.*
>
> (Hebreos 9:25–26)

La expresión *"en la consumación de los siglos"* también se podría expresar como "donde se juntan los dos mundos (o siglos)". La cruz es donde terminó el antiguo método de estimaciones y donde comenzó el nuevo.

Lo que había entre el hombre y Dios era la transgresión de Adán. Jesús quitó eso de en medio.

> *Al que no conoció pecado, por nosotros lo hizo pecado, para que nosotros fuésemos hechos justicia de Dios en él.* (2 Corintios 5:21)

Jesús resolvió el problema del pecado e hizo posible que Dios remitiera legalmente todo los pecados que jamás hayamos cometido, nos diera vida eterna y nos hiciera nuevas criaturas.

> *De modo que si alguno está en Cristo, nueva criatura es; las cosas viejas pasaron; he aquí todas son hechas nuevas. Y todo esto proviene de Dios, quien nos reconcilió consigo mismo por Cristo, y nos dio el ministerio de la reconciliación.*
>
> (versículos 17–18)

Capítulo 11

El sacrificio único

Pero Cristo, habiendo ofrecido una vez para siempre un solo sacrificio por los pecados, se ha sentado a la diestra de Dios.

(Hebreos 10:12)

*E*l sacrificio único de Jesús lo cambió todo para los creyentes judíos.

Este nuevo pacto significaba un cambio en el sacerdocio que probablemente dejó a muchos israelitas sintiéndose como "sin techo" al salir de la seguridad y la tradición del templo para predicar en las calles o asistir a pequeñas reuniones en las casas.

> *El nuevo pacto puso fin al sacrificio de animales como sacrificios de sangre en el Lugar Santísimo.*

El nuevo pacto puso fin al sacrificio de animales como sacrificios de sangre en el Lugar Santísimo. Fue el final del día de la expiación, el día anual de humillación y expiación por los pecados de la nación, cuando el sumo sacerdote apartaba sus ornamentos oficiales y llevaba consigo la sangre sacrificial al Lugar Santísimo para hacer sacrificios por él mismo, por el sacerdocio y por todo el pueblo.

Fue el final de la práctica de seleccionar dos machos cabríos, uno para sacrificarlo a Jehová y otro para convertirlo en el chivo expiatorio que llevaría los pecados del pueblo al desierto.

> *Mas Jesús, dando una gran voz, expiró.*
> *Entonces el velo del templo se rasgó en dos, de*
> *arriba abajo.*   (Marcos 15:37–38)

Cuando Jesús murió, el velo que separaba el Lugar Santísimo, donde se derramaba la sangre sacrificial sobre el propiciatorio, del resto del templo, se rasgó en dos. Ese fue el final de la existencia del Lugar Santísimo en la tierra. Fue el comienzo de un nuevo pacto en la sangre de Jesús.

> *Por tanto, mirad por vosotros, y por todo el re-*
> *baño en que el Espíritu Santo os ha puesto por*
> *obispos, para apacentar la iglesia del Señor,*
> *la cual él ganó por su propia sangre.*
>   (Hechos 20:28)

Aquí, el apóstol Pablo dejó claro que la sangre de Jesús también era la sangre de Dios.

> *Pero estando ya presente Cristo, sumo sacerdo-*
> *te de los bienes venideros, por el más amplio y*
> *más perfecto tabernáculo, no hecho de manos,*
> *es decir, no de esta creación, y no por sangre*
> *de machos cabríos ni de becerros, sino por su*
> *propia sangre, entró una vez para siempre en*
> *el Lugar Santísimo, habiendo obtenido eterna*
> *redención.*   (Hebreos 9:11–12)

Jesús llevó esta sangre divina al Lugar Santísimo en un nuevo tabernáculo, uno no hecho a mano sino en el cielo. Fue un sacrificio único.

Capítulo 12

El ministerio actual de Cristo

El ministerio actual de Cristo es un tema que muchos cristianos han descuidado. Innumerables personas, cuando piensan en que Jesús entregó su vida, piensan sólo en su muerte y resurrección. Muchos no saben que cuando Él se sentó a la diestra del Padre, comenzó a vivir por nosotros de manera tan real como cuando murió por nosotros.

Él ya no es el humilde hombre de Galilea, ya no es el Hijo hecho pecado por nosotros, olvidado de Dios.

Él es Señor de todo. Él ha vencido a Satanás, el pecado y la enfermedad. Él ha vencido a la muerte.

Y Jesús se acercó y les habló diciendo: Toda potestad me es dada en el cielo y en la tierra.
(Mateo 28:18)

Él posee toda autoridad en el cielo y la tierra. Podemos actuar sin temor sobre la base de su Palabra, porque Él la respalda. Él es nuestra fianza, o garantía de ello. *"Por tanto, Jesús es hecho fiador de un mejor pacto"* (Hebreos 7:22).

Jesús, nuestro Sumo Sacerdote

El sumo sacerdote del antiguo pacto era simbólico de Cristo, el Sumo Sacerdote del nuevo pacto.

Cristo entró en el cielo mismo con su propia sangre, habiendo obtenido la redención eterna que los sacrificios sacerdotales nunca hubieran podido obtener.

Y ciertamente todo sacerdote está día tras día ministrando y ofreciendo muchas veces los mismos sacrificios, que nunca pueden quitar los pecados. (Hebreos 10:11)

Cuando Dios aceptó la sangre de Jesucristo, dio a entender que se habían cumplido las demandas de la justicia, y que el hombre podía salir legalmente de la autoridad de Satanás y ser restaurado para volver a tener comunión con Él.

> *Cuando Dios aceptó la sangre de Jesucristo, dio a entender que se habían cumplido las demandas de la justicia, y que el hombre podía salir legalmente de la autoridad de Satanás y ser restaurado para volver a tener comunión con Él.*

Mediante su sacrificio, Cristo quitó de en medio el pecado.

Mediante su sacrificio, Cristo santificó a la humanidad.

Santificar significa "apartar", o "separar". Cristo apartó al hombre del reino y la familia de Satanás.

Cuando Cristo se encontró con María después de su resurrección, dijo: *"No me toques, porque aún no he subido a mi Padre"* (Juan 20:17). Enseguida, se dirigió al Padre con su propia sangre, una señal del castigo que había pagado. Sin embargo, su ministerio como Sumo Sacerdote no terminó cuando llevó su sangre al Lugar Santísimo del cielo. Él sigue siendo el Ministro del santuario.

Ahora bien, el punto principal de lo que venimos diciendo es que tenemos tal sumo sacerdote, el cual se sentó a la diestra del trono de la Majestad en los cielos, ministro del santuario, y de aquel verdadero tabernáculo que levantó el Señor, y no el hombre. (Hebreos 8:1–2)

La palabra griega traducida como *"santuario"* también significa "cosas santas". Jesús sigue ministrando en las "cosas santas", las cuales incluyen nuestras oraciones y adoración. No siempre sabemos cómo adorarle como debiéramos, pero Él toma nuestras a menudo crudas peticiones y adoración y hace de ellas algo hermoso para el Padre.

> *Cada oración y acto de adoración es aceptado por el Padre cuando se presenta en el nombre de Jesús.*

Cada oración y acto de adoración es aceptado por el Padre cuando se presenta en el nombre de Jesús. Él es un Sumo Sacerdote misericordioso y fiel. Él siente los sentimientos de nuestras debilidades.

Por tanto, teniendo un gran sumo sacerdote que traspasó los cielos, Jesús el Hijo de Dios, retengamos nuestra profesión. Porque no tenemos un sumo sacerdote que no pueda compadecerse de nuestras debilidades, sino uno que fue tentado en todo según nuestra semejanza, pero sin pecado. Acerquémonos, pues, confiadamente al trono de la gracia, para alcanzar misericordia y hallar gracia para el oportuno socorro. (Hebreos 4:14–16)

Jesús es Sumo Sacerdote para siempre (véase Hebreos 6:20).

Jesús, el Mediador

Cuando Cristo se sentó a la diestra del Padre, satisfizo las demandas de la justicia y se convirtió en Mediador entre Dios y el hombre.

Jesús es el Mediador del hombre por dos razones: por lo que Él es y por lo que ha hecho.

Primero, Jesús es el Mediador del hombre por lo que Él es: la unión de Dios y el hombre.

> *Y estando en la condición de hombre, se humilló a sí mismo, haciéndose obediente hasta la muerte, y muerte de cruz. Por lo cual Dios también le exaltó hasta lo sumo, y le dio un nombre que es sobre todo nombre.*
>
> (Filipenses 2:8–9)

Jesús existe en igualdad con Dios pero también tomó condición de hombre, y unió con ello la brecha que existía entre Dios y el hombre. Él es igual a Dios e igual al hombre. Él representa la humanidad delante de Dios.

Sin embargo, esto no era suficiente para mediar entre Dios y el hombre. El hombre era un delincuente eterno ante Dios. El hombre estaba separado de Dios y bajo el juicio de Satanás. Esto nos lleva al segundo hecho: Jesús es el Mediador del hombre debido a lo que Él ha hecho.

> ... *Ahora os ha reconciliado en su cuerpo de carne, por medio de la muerte, para presentaros santos y sin mancha e irreprensibles delante de él.* (Colosenses 1:21–22)

> *Y todo esto proviene de Dios, quien nos reconcilió consigo mismo por Cristo.* (2 Corintios 5:18)

No podría haber habido Mediador entre Dios y el hombre si no hubiera habido primero una reconciliación entre Dios y el hombre. El hombre era injusto y estaba en una condición de muerte espiritual. Estando en esa condición, la humanidad no podía acercarse a Dios, y tampoco ningún otro mediador podría haberse acercado a Dios en representación de la humanidad.

Cristo nos reconcilió con Dios a través de su muerte en la cruz para poder ahora presentar al hombre delante de Dios como santo y sin mancha. Después de la ascensión de Cristo a la diestra de Dios, el hombre recibió el derecho a acercarse al trono a través de Jesús, su Mediador. Desde la caída del hombre hasta que Jesús se sentó a la diestra de Dios, ningún hombre había podido acercarse a Dios, salvo a través del sacrificio de sangre ofrecido por los sacerdotes o mediante una visitación angelical o sueño.

Gracias a la ofrenda sacerdotal de su propia sangre, Jesús llevó a cabo nuestra redención; satisfizo las demandas de la justicia e hizo posible que Dios legalmente le diera vida eterna al hombre, haciendo al hombre justo y dándole la posición de un hijo.

> *El hombre no puede acercarse a Dios si no es mediante su nuevo Mediador.*

Cristo es el Mediador del nuevo pacto (véase Hebreos 9:15).

Él es el Mediator sacerdotal que ha presentado a los hombres perdidos ante Dios.

El hombre no puede acercarse a Dios si no es mediante su nuevo Mediador.

Por un sacrificio, Cristo quitó de en medio el pecado, y mediante un acto llevó su sangre al Lugar Santísimo.

Así que, hermanos, teniendo libertad para entrar en el Lugar Santísimo por la sangre de Jesucristo. (Hebreos 10:19)

Por ese hecho, Cristo declaró que todos podían entrar con confianza a través del velo hasta la presencia misma del Padre, para poder estar allí sin condenación.

Oh, si pudiéramos hacer que la iglesia entendiera esta bendita verdad. Se enseña mucho la conciencia de pecado en la iglesia y muy poco la conciencia de la obra terminada de Cristo.

Acerquémonos, pues, confiadamente al trono de la gracia, para alcanzar misericordia y hallar gracia para el oportuno socorro.

(Hebreos 4:16)

Me parece como si el apóstol Pablo estuviera diciendo: "Dejen de llorar, dejen de gemir y entren con gozo al trono de amor, donde podrán llenar su cesta de bendiciones".

Pero Cristo, habiendo ofrecido una vez para siempre un solo sacrificio por los pecados, se ha sentado a la diestra de Dios, de ahí en adelante esperando hasta que sus enemigos sean puestos por estrado de sus pies.

(Hebreos 10:12–13)

El sacrificio único de la propia sangre de Cristo ha hecho que todo esto esté disponible para aquellos que le aceptan como Señor y Salvador. Su obra está terminada. En la mente del Padre, nuestra redención está completa.

Jesús, el Intercesor

Como Sumo Sacerdote, Jesús llevó su sangre al Lugar Santísimo, satisfaciendo las demandas de la justicia que se disponían contra el hombre natural.

Como Mediador, Él presenta a Dios al hombre no salvo.

Jesús le dijo: Yo soy el camino, y la verdad, y la vida; nadie viene al Padre, sino por mí.

(Juan 14:6)

Jesús es el único camino a Dios. Nadie puede acercarse a Dios si no es a través de Él. En el momento en que el hombre acepta a Cristo, se convierte en hijo de Dios. Entonces, Cristo comienza su obra intercesora por él.

Jesús es Mediador para el pecador, pero es Intercesor para el cristiano.

> *Jesús es Mediador para el pecador, pero es Intercesor para el cristiano.*

La primera pregunta que se nos plantea es: ¿Por qué necesita el hijo de Dios alguien que interceda?

No os conforméis a este siglo, sino transformaos por medio de la renovación de vuestro entendimiento, para que comprobéis cuál sea la buena voluntad de Dios, agradable y perfecta. (Romanos 12:2)

En el nuevo nacimiento, nuestro espíritu recibe la vida de Dios. Nuestra siguiente necesidad es renovar nuestra mente.

Antes de formar parte de la familia de Dios, caminábamos como hombres y mujeres naturales. Satanás gobernaba nuestra mente. Ahora que nuestro espíritu ha recibido la vida de Dios, nuestra mente debe ser renovada para que podamos conocer nuestros privilegios y responsabilidades como hijos de Dios.

El nuevo nacimiento es instantáneo, pero la renovación de nuestra mente es un proceso gradual. Su progreso depende del tiempo que pasemos estudiando y meditando la Palabra de Dios.

Durante este periodo, necesitamos la intercesión de Cristo.

A menudo, rompemos nuestra comunión con el Padre haciendo cosas que a Él no le agradan. En esas ocasiones, necesitamos la intercesión de Cristo debido a la persecución demoniaca que lucha contra nosotros.

> *Nadie puede acusar a un hijo de Dios, porque hemos sido declarados justos.*

Los demonios nos persiguen por causa de la justicia. Ellos nos odian y nos temen porque Dios nos ha declarado justos. Debido a que no hemos entendido del todo nuestra autoridad en Cristo, esos demonios pueden hacernos tropezar. A pesar de esto, Jesús *"puede también salvar perpetuamente a los que por él se acercan a Dios, viviendo siempre para interceder por ellos"* (Hebreos 7:25).

¿Quién acusará a los escogidos de Dios? Dios es el que justifica. ¿Quién es el que condenará? Cristo es el que murió; más aun, el que también resucitó, el que además está a la diestra de Dios, el que también intercede por nosotros. (Romanos 8:33–34)

Nadie puede acusar a un hijo de Dios, porque hemos sido declarados justos. Nadie puede condenarnos. Jesús vive para interceder por nosotros.

Jesús, el Abogado

Acudimos al Padre a través de Cristo, nuestro Mediador.

Hemos sentido la dulce influencia de Cristo el Intercesor por nosotros.

Ahora, también debemos conocerle como nuestro Abogado ante el Padre.

Muchos cristianos que viven con una relación rota con Dios podrían vivir vidas victoriosas en Cristo hoy mismo si tan sólo supieran que Jesús es su Abogado.

Debido a nuestras mentes no renovadas y a la persecución satánica, a veces pecamos, haciendo que nuestra relación con el Padre se rompa. Cada hijo de Dios que rompe su comunión con el Padre queda bajo condenación. Si no tuviera abogado que presentara su caso ante el Padre, quedaría en una triste y lamentable situación.

Y si alguno hubiere pecado, abogado tenemos para con el Padre, a Jesucristo el justo.

(1 Juan 2:1)

Piense en el significado de la palabra *"abogado"*. En el diccionario se define como "alguien que presenta la causa de otro ante un tribunal o sala judicial... alguien que defiende o mantiene una causa o proposición... alguien que apoya o promueve los intereses de otro".

Cristo es nuestro Defensor, nuestro Promotor. Él siempre está ahí, a la diestra de Dios, listo para ayudarnos e interceder por nosotros.

*Si confesamos nuestros pecados, el es fiel y jus-
to para perdonar nuestros pecados, y limpiarnos de toda maldad.* (1 Juan 1:9)

> **Si nuestra
> comunión se
> rompe debido a
> nuestro pecado,
> podemos renovar
> esa comunión
> confesando
> nuestro pecado.**

Este es el método de Dios para mantener nuestra comunión con Él. Si nuestra comunión se rompe debido a nuestro pecado, podemos renovar esa comunión confesando nuestro pecado. Jesús no puede actuar como nuestro Abogado a menos que confesemos nuestros pecados. Cuando los confesamos, Él defiende nuestro caso ante el Padre.

La Palabra declara que cuando confesamos nuestros pecados, Dios *"es fiel y justo para perdonar nuestros pecados, y limpiarnos de toda maldad"*. Él los borra como si nunca hubieran estado ahí.

Ningún cristiano debería permanecer en una comunión rota durante más tiempo que el necesario para pedir perdón.

Cuando el Padre perdona, olvida. Un hijo suyo nunca debería deshonrar su Palabra pensando una y otra vez en sus pecados.

Jesús, la Garantía

Jesús es nuestra fianza personal, o nuestra garantía. Este quizá sea el más vital de todos los ministerios de Jesús a la diestra del Padre.

Bajo el antiguo pacto, el sumo sacerdote era la garantía del hombre. Si fallaba, interrumpía la relación entre Dios e Israel. La sangre de la expiación perdía su eficacia.

Bajo el nuevo pacto, Jesús es el sumo sacerdote y la garantía del nuevo pacto. Nuestra posición ante el Padre es totalmente segura.

Durante todo el tiempo que pasemos ante el trono de Dios, sabemos que tenemos un Hombre a la diestra de Dios que está ahí para ayudarnos. Nos representa ante el Padre. Siempre tiene una buena posición con el Padre, siempre, independientemente de cuál sea nuestra posición. Tenemos alguien que nos representa ante el Padre.

Nuestra posición está segura.

Capítulo 13

Tres grandes palabras

Remisión

*E*sta es una de las grandes palabras del nuevo pacto. Es limpiar algo de tal forma como si nunca hubiera ocurrido. Cuando se disuelve un ejército, queda remitido, deja de existir. Cuando Dios remite nuestros pecados, también son borrados, como si nunca hubieran sucedido.

La palabra *remisión* nunca se usa en las Escrituras a menos que sea en conexión con el nuevo nacimiento. Al convertirnos y hacernos cristianos, nuestros pecados fueron perdonados sobre la base de nuestra relación con Cristo y su intercesión por nosotros. Cuando acudimos a Cristo como pecadores, le aceptamos como Salvador y le confesamos como Señor, todos los pecados que hubiéramos cometido son borrados. En el nuevo nacimiento, todo lo que habíamos sido deja de ser y se produce una nueva creación en lugar de la antigua.

> *En el nuevo nacimiento, todo lo que habíamos sido deja de ser y se produce una nueva creación en lugar de la antigua.*

La palabra para *remisión* se traduce siete veces en las Epístolas como *"perdón"* o *"redención"*.

*En quien tenemos **redención** por su sangre, el*
***perdón** de pecados.*

(Efesios 1:7, énfasis añadido)

Podemos encontrar casos similares en Lucas 24:47, Hechos 2:38; 26:18 y Colosenses 1:13–14.

La remisión de nuestros pecados toma el lugar del chivo expiatorio que desaparecía con los pecados de Israel una vez al año bajo el antiguo pacto.

Gracias a la sangre de Cristo, nuestros pecados son remitidos, y nosotros somos recreados.

Perdón

Perdón es una palabra de relación. Ahora estoy hablando desde el punto de vista de un nuevo pacto.

Cuando el pecador acepta a Cristo como Salvador, su espíritu es recreado y sus pecados son remitidos, pero si se es ignorante, se puede permanecer con una conciencia de pecado. Sobre la base de su relación como hijo de Dios, y sobre la base del ministerio de Jesús a la diestra del Padre, encontramos el fundamento para el perdón de cualquier pecado que hayamos cometido.

Los primeros dos capítulos de 1 Juan tratan este gran asunto del perdón. Cuando un hijo de Dios comete pecado, no rompe su relación con Dios; simplemente rompe la comunión, del mismo modo que lo hacen un esposo y una esposa cuando se dicen palabras hirientes. Se rompe la armonía del hogar pero no la relación de matrimonio. En la mayoría de los casos, esta ruptura se puede restaurar pidiendo perdón. Estamos tan constituidos legalmente que podemos perdonar.

Lo mismo es cierto entre un cristiano y Dios Padre.

En el momento en que pecamos, nuestra comunión con el Padre se rompe. Pero *"si confesamos nuestros pecados, el es fiel y justo para perdonar nuestros pecados, y limpiarnos de toda maldad"* (1 Juan 1:9).

Hijitos míos, estas cosas os escribo para que no pequéis; y si alguno hubiere pecado, abogado tenemos para con el Padre, a Jesucristo el justo. (1 Juan 2:1)

Esa notable expresión *"el justo"* está envuelta con el maravilloso don de la gracia.

Expiación

El antiguo pacto tenía la ley, la cual llamamos la ley mosaica (el sacerdocio, los sacrificios y las ordenanzas). Cuando se quebrantó la ley (como era obvio que sucedería, ya que Israel estaba espiritualmente muerta), se ordenó el sacerdocio para hacer una "expiación" (o una cobertura) para ellos.

Los israelitas no tenían vida eterna. Eso no llegaría hasta que Jesús los redimiera (y a nosotros) mediante su encarnación, crucifixión y resurrección. La llegada de la vida eterna es el mayor acontecimiento en la experiencia de cualquier ser humano.

La llegada de la vida eterna es el mayor acontecimiento en la experiencia de cualquier ser humano.

En el gran día de la expiación ocurrían dos cosas destacadas.

En primer lugar, rodeado de extremas precauciones, el sumo sacerdote llevaba la sangre de un animal inocente al Lugar Santísimo, donde la rociaba sobre el propiciatorio que cubría el arca del pacto que contenía la ley quebrantada. Al hacerlo, hacía que Israel estuviera cubierta por la sangre durante otro año.

> *Porque la vida de la carne en la sangre está,*
> *y yo os la he dado para hacer expiación sobre*
> *el altar por vuestras almas; y la misma sangre*
> *hará expiación de la persona.* (Levítico 17:11)

Era la vida de un animal inocente rociada sobre la espiritualmente muerta Israel.

En segundo lugar estaba el chivo expiatorio. Aarón traspasaba los pecados de Israel sobre la cabeza del chivo expiatorio, el cual era liberado al desierto para ser devorado por las bestias salvajes. Durante otro año, Israel era libre (cubierta por la sangre) y sus pecados eran borrados.

Capítulo 14

Las tres bendiciones

*E*ncontramos tres maravillosas bendiciones en el nuevo pacto.

Justicia

En primer lugar, está la justicia que Dios imparte a cada cristiano como miembro del nuevo pacto.

Cuando usted acepta a Jesucristo como su Salvador, Dios le imparte la justicia de Cristo en el mismo instante en que nace de nuevo. Esto le da una posición en la presencia del Padre idéntica a la posición de Jesús.

Como nunca hemos conocido una libertad así, tendemos a retirarnos de esta nueva justicia que hemos encontrado. Pero después de un tiempo, toma posesión de usted. Usted comienza a ver a otros hombres y mujeres

> **Cuando usted acepta a Jesucristo como su Salvador, Dios le imparte la justicia de Cristo en el mismo instante en que nace de nuevo.**

que se levantan y actúan como Jesús. Parece que no tienen conciencia de inferioridad ante el Padre, porque no tienen conciencia de pecado.

Si usted cree la Biblia (que Jesús es su justicia y que es una nueva criatura en Él), tampoco tendrá conciencia de pecado. Jesús retira el pecado por el sacrificio de sí mismo, y la única conciencia de pecado que usted tiene que tener será cuando haga algo que no es correcto. Cuando eso ocurra, puede usar la sangre y la defensa de Jesucristo.

Desgraciadamente, desde la Reforma protestante las iglesias han tenido tendencia a magnificar la conciencia de pecado. Hemos predicado del diablo; hemos predicado de nuestras propias debilidades e injusticia; hemos mantenido el pecado de las personas delante de ellas de forma tan continua, ¡que se ven a sí mismos como unas pobres y débiles lombrices de tierra!

Demasiados evangelistas vienen a nuestras iglesias queriendo lograr resultados. Predican con la intención de hacer que la congregación entera caiga bajo condenación y acuda al altar, todo para edificar su reputación ante el predicador como "gran evangelista". Al hacerlo ¡han enseñado incredulidad! Han enseñado todo menos el evangelio de Cristo.

¿Qué es el evangelio? Es esto: que Jesús, gracias a su sacrificio sustitutorio, puede declarar que Él mismo es nuestra justicia desde el momento en que creemos en Él. Este es el milagro más sorprendente que podemos concebir: que Dios Padre imparte justicia a los creyentes en el momento en que aceptan al Señor Jesucristo como Salvador.

> *Para ganar a Cristo, y ser hallado en él, no teniendo mi propia justicia, que es por la ley, sino la que es por la fe de Cristo, la justicia que es de Dios por la fe.* (Filipenses 3:8–9)

Cuando usted aprenda a caminar como Jesús caminó, sin ninguna conciencia de inferioridad ante Dios o Satanás, ¡desarrollará una fe que asombrará al mundo!

¿Sabe lo que obstaculiza nuestra fe en la actualidad? Que antes de acudir ante el Señor, escuchamos al diablo. Por tanto, acudimos a Dios con un sentimiento de inferioridad ¡con el mensaje del diablo resonando aún en nuestros oídos! Demasiados cristianos viven en un temor continuo a Satanás. No se atreven a declarar que son libres; no se atreven a hacerle frente al diablo.

> *La justicia que Dios Padre nos ha impartido debería hacer que no tuviéramos temor en presencia de Satanás.*

La justicia que Dios Padre nos ha impartido debería hacer que no tuviéramos temor en presencia de Satanás. Cuando dudamos de la integridad de la Palabra de Dios, le robamos a la obra de Jesucristo su eficacia, y nos quedamos sin poder ante el adversario.

La justicia de Dios nos ha sido impartida no como una "experiencia" sino como un hecho legal. Esta es la verdad más tremenda que Dios nos ha dado en la revelación paulina. El corazón del nuevo pacto es el hecho de que Dios Padre nos hace semejantes a Él.

¿Acaso no fue usted creado a su imagen y semejanza? (Véase Génesis 1:27). Esa imagen es una imagen de justicia. Si Dios declara que usted es justo, ¿qué hace usted condenándose a sí mismo?

Unión

Otra bendición que trae el pacto es su unión con Dios. Cuando Abraham y Dios cortaron el pacto, se hicieron uno. Jesús dijo: *"Yo soy la vid, vosotros los pámpanos; el que permanece en mí, y yo en él"* (Juan 15:5).

¿Es usted un compañero de Cristo? ¿Habita, o mora, en Cristo? ¿Habita Él en usted?

Pablo dijo: *"Y ya no vivo yo, más vive Cristo en mí"* (Gálatas 2:20).

El término teológico *encarnación* literalmente significa "hecho carne" o "adoptar carne". Se refiere a Dios Padre viniendo a la tierra en la forma de un hombre, su Hijo, Jesucristo. La encarnación era Dios haciéndose uno con nosotros. El pacto de sangre le llevó a Pablo a renegar de sí mismo y adoptar profundamente a Cristo como su vida. Jesucristo dejó atrás la gloria para venir a la tierra y hacerse uno con nosotros, así como para darnos una manera de conseguir la salvación eterna.

> *Jesucristo dejó atrás la gloria para venir a la tierra y hacerse uno con nosotros, así como para darnos una manera de conseguir la salvación eterna.*

¿No se enfrentó Jesús al diablo y le venció por nosotros? (Véase 1 Juan 3:8). ¿No le despojó Jesús de su autoridad? (Véase Colosenses 2:15) ¿No le quitó a Satanás su armadura? (Véase Lucas 11:20–22). Como cristiano, usted puede estar tan tranquilo y sin temor en la presencia del infierno mismo y del diablo mismo como lo estaría en presencia de cualquier otro ser inferior.

Porque mayor es el que está en vosotros, que el que está en el mundo. (1 Juan 4:4)

¿Por qué temer al diablo? ¿Por qué no estar ante el mundo como un conquistador? Usted está en una relación de pacto de sangre con el Dios Todopoderoso. Cuando nació de nuevo, entró en pacto con Él.

Los hombres fuertes de David eran símbolos de lo que podrían llegar a ser los cristianos. La Escritura nos dice que uno de sus hombres mató a ochocientos soldados enemigos en un sólo día (véase 2 Samuel 23:8).

¿Es usted partícipe de la naturaleza divina? Sí. (Véase 2 Pedro 1:4).

¿Es usted hijo de Dios? Sí. (Véase 1 Juan 3:2).

¿Le ha dado Dios Padre su justicia? Sí. (Véase Romanos 3:26).

¿Es Dios su justicia? Ciertamente. (Véase 2 Corintios 5:21).

¿Le ha dado Él derecho legal a usar el nombre de Jesús? Sin duda alguna. (Véase Juan 16:23).

¿Se da cuenta del tipo de hombre o mujer que es usted? Usted no es un enclenque. Póngase en pie como hijo de Dios que es.

Este es el reto: tenemos que vencer el efecto de las falsas enseñanzas.

Durante generaciones, muchos pastores nos han hablado y tratado como pecadores. Muchos de los antiguos himnos comienzan de manera bella, pero antes de terminar quedamos como enclenques que viven bajo la esclavitud de nuestro pecado, y nos dejan así. En casos así, Cristo pasa casi inadvertido para nosotros.

Identidad

La tercera bendición que encontramos en el nuevo pacto es la identidad. El objeto de la revelación del nuevo pacto es que sepamos quiénes y qué somos en Jesucristo.

Quizá se pregunte: "Pero, Dr. Kenyon, si usted supiera lo débil que soy".

Si entiendo el evangelio del Señor Jesucristo, es esto: que toda la capacidad, gloria y fortaleza del cielo están a disposición del creyente.

¿Qué dice Dios? Piense en el argumento y conclusión del libro de Hebreos: *"Puestos los ojos a Jesús, el autor y consumador de la fe"* (Hebreos 12:2).

Mientras se mire sólo a usted, no conseguirá nada. Será como Pedro cuando intentó caminar sobre las olas con Jesús. Al principio no se hundía, pero en el instante en que apartó su mirada de Jesús y observó las olas, comenzó a hundirse (véase Mateo 14:25–31).

Usted está conectado al Dios Todopoderoso.

Estas cosas os he escrito a vosotros que creéis en el nombre del Hijo de Dios, para que sepáis que tenéis vida eterna, y para que creáis en el nombre del Hijo de Dios. (1 Juan 5:13)

Esto es lo que le da su posición legal ante Dios Padre, su lugar en el pacto.

Si entiendo el evangelio del Señor Jesucristo, es esto: que toda la capacidad, gloria y fortaleza del cielo están a disposición del creyente. Este es el hecho más milagroso que el mundo ha conocido jamás.

Si alguno habla, hable conforme a las palabras de Dios; si alguno ministra, ministre conforme al poder que Dios da, para que en todo sea Dios glorificado por Jesucristo, a quien pertenecen la gloria y el imperio por los siglos de los siglos. (1 Pedro 4:11)

Todo lo puedo en Cristo que me fortalece.

(Filipenses 4:13)

Su desafío para nosotros

En los últimos tiempos, creo que habrá una demostración del poder de Dios que hará que multitudes se levanten y vivan.

> *Pues si por la transgresión de uno solo reinó la muerte, mucho más reinarán en vida por uno solo, Jesucristo, los que reciben la abundancia de la gracia y del don de la justicia.*

(Romanos 5:17)

Debemos reinar como reyes a través de Cristo y con Cristo.

¿Cómo? Sólo por fe.

¿Es Dios su justicia?

Quizá responda: "Estoy intentando hacerle mi justicia".

¿Puede usted *hacerle* su justicia? Si cree en Jesucristo, entonces Él ya *es* su justicia.

Y si Él ya *es* su justicia, lo único que tiene que hacer es salir al mundo y actuar en consecuencia.

Atrévase a liberar a Dios en su vida.

Capítulo 15

La redención es a través de Dios

Cuando nos aferramos a la horrible imagen de la obra terminada de Satanás, nuestro corazón clama: "¿Quién puede? ¿Quién tiene la capacidad de suplir la necesidad del hombre en una situación tan difícil como esta?".

Gracias a Dios, existe una respuesta.

Cuando Dios vio la condición de la humanidad, inmediatamente comenzó a preparar una provisión para nuestra redención.

Él sabía que la humanidad no podría redimirse a sí misma; sabía que la humanidad no tenía la capacidad de llegar hasta su trono.

Por eso, primero Dios le dio a la humanidad el pacto abrahámico. Después, cuando los descendientes de Abraham se convirtieron en una nación, Dios les dio la ley del pacto, la cual incluía el sacerdocio, la expiación y los sacrificios y ofrendas del pacto. Todas esas cosas le fueron dadas a Israel como preparación de lo que vendría, porque de esta nación vendría el Dios-Hombre encarnado, que haría dos cosas:

En primer lugar, rompería el poder de Satanás, para redimir a la humanidad de su esclavitud y restaurarla a una plena justicia, por medio de la cual podría estar en la presencia del Padre del mismo modo en que lo estaba Adán antes de la caída. Esto quitaría la conciencia de culpabilidad y pecado permanentes de la humanidad.

En segundo lugar, rompería el dominio de Satanás y redimiría a la humanidad de forma tan completa que el hombre o la mujer más débil participarían de la justicia restaurada de tal forma que él o ella podrían vivir una vida de victoria total sobre el diablo.

> *Cuando Dios hace de la humanidad una nueva creación, imparte en ellos su propia naturaleza, sacando de ellos cualquier temor y pecado que pudiera haber.*

Este Dios-Hombre (encarnado) haría un sacrificio tan completo y perfecto que Dios no sólo restauraría legalmente la justicia perdida de la humanidad, sino que también le daría a la humanidad un acceso pleno a todo su poder y su fuerza, haciendo con ello de la humanidad una creación totalmente nueva.

Así es, cuando Dios hace de la humanidad una nueva creación, imparte en ellos su propia naturaleza, sacando de ellos cualquier temor y pecado que pudiera haber. Esto está completo hasta que la humanidad puede estar en la presencia misma de Dios, soportando la radiante luz de su gracia y amor.

Una vez redimidos, podemos florecer, como lo hace una rosa bajo el sol, hasta que la plenitud del amor de Cristo venga inundando nuestro ser antes de regresar de nuevo a Él. Somos sus hijos amados.

Lector, se encuentra usted en presencia del milagro de milagros, la gracia de Dios, la cual está restaurando a la raza humana perdida, sacándola de su órbita de egoísmo, debilidad y temor y llevándola a la esfera de la fe, el amor y la vida de Dios.

Dios no sólo nos restaurará legalmente la justicia, nos redimirá y nos hará nuevas criaturas, sino que también nos dará su Espíritu Santo. El Espíritu grande y poderoso que resucitó a Jesús de los muertos vendrá a nuestros cuerpos y hará de ellos su hogar.

Y no sólo hace eso, sino que también nos da derecho legal a usar su nombre para echar fuera demonios, imponer manos sobre los enfermos para que sanen y derrotar los propósitos de Satanás.

Oh, tenemos ese nombre. Ese nombre nos hace ser como Él.

Cuando usted vive por ese nombre y camina en ese nombre, el diablo no puede distinguirle de Jesús. Tiene el nombre de Él estampado en usted.

Ah, pero Él hizo algo más.

También nos dio la revelación. Lo llamamos la Palabra, y es la Palabra del Espíritu.

Si usted ha sido redimido, el Espíritu grande y poderoso que resucitó a Jesús de los muertos ha llegado a su vida. Ahora, a través de los labios humanos, el Espíritu Santo blande esa Palabra y vence a los grandes ejércitos del infierno.

> *Cuando usted vive por ese nombre y camina en ese nombre, el diablo no puede distinguirle de Jesús. Tiene el nombre de Él estampado en usted.*

Usted es un hijo de Dios, llamado a tener comunión con Jesucristo con una justicia y libertad restauradas. Es una nueva criatura en la que habita el Espíritu Santo con la Palabra viva de Dios.

Tiene usted una comunión tan rica como jamás Adán soñó tener.

Y cuando Jesús vuelva, este cuerpo que fue hecho mortal por Satanás y el pecado recibirá inmortalidad y nunca volverá a morir. La muerte no puede amenazarnos ni llenarnos de temor. Ahora, permanecemos en toda la plenitud de su obra terminada.

Imagínese lo que será cuando las puertas de perlas se abran y nosotros, sus súbditos de amor, sus eternamente redimidos, contemplemos a nuestro Señor sentado en el trono de los siglos.

Capítulo 16

Bajo sus pies

*E*ste es el clímax de la obra redentora de Cristo:

> *Y cuál la supereminente grandeza de su po-*
> *der para con nosotros los que creemos, según*
> *la operación del poder de su fuerza, la cual*
> *operó en Cristo, resucitándole de los muertos y*
> *sentándole a su diestra en los lugares celestia-*
> *les, sobre todo principado y autoridad y poder*
> *y señorío, y sobre todo nombre que se nombra,*
> *no sólo en este siglo, sino también en el venide-*
> *ro; y sometió todas las cosas bajo sus pies, y lo*
> *dio por cabeza sobre todas las cosas a la igle-*
> *sia, la cual es su cuerpo, la plenitud de Aquel*
> *que todo lo llena en todo.* (Efesios 1:19–23)

Hemos visto a Jesús después de la resurrección, exaltado en el asiento más alto del universo con todo dominio, autoridad y poder bajo sus pies. Todo lo que está bajo sus pies está bajo los nuestros. Su victoria es nuestra victoria.

No tiene sentido que Cristo viniera y sufriera esa tremenda lucha por nuestra redención a menos que fuera para nosotros. No necesitaba hacerlo para Él mismo. Lo que hizo para nosotros es

> *No tiene sentido*
> *que Cristo viniera*
> *y sufriera esa*
> *tremenda lucha por*
> *nuestra redención*
> *a menos que fuera*
> *para nosotros.*

nuestro. Lo único que tenemos que hacer es tomarlo. Él no hizo ese trabajo para bloquearlo y mantenerlo lejos de nosotros, repartiéndolo sólo a unos pocos.

> *Por nosotros lo hizo pecado, para que nosotros fuésemos hechos justicia de Dios en el.*
>
> (2 Corintios 5:21)

En su redención recibimos una justicia perfecta. Esta justicia nos permite entrar confiadamente al trono de gracia. Esta justicia nos permite disfrutar de la plenitud de nuestros derechos en Cristo.

> *Justificados, pues, por la fe, tenemos paz para con Dios por medio de nuestro Señor Jesucristo.* (Romanos 5:1)

Esta es la base de nuestra justicia. Mediante su obra en la cruz, su muerte y su resurrección, Jesús consiguió la paz. Resucitó porque había conquistado a nuestros enemigos, había derrotado a los que nos tenían esclavos.

> *Y despojando a los principados y a las potestades, los exhibió públicamente, triunfando sobre ellos en la cruz.* (Colosenses 2:15)

Sabemos que el Padre planeó nuestra redención (véase Juan 3:16).

Sabemos que Jesús llevó a cabo ese plan (véase Efesios 1:7; 1 Pedro 2:24).

> *De cierto, de cierto os digo: El que cree en mí, tiene la vida eterna.* (Juan 6:47)

Creo que este plan fue llevado a cabo y que tengo vida eterna. Creo que por su llaga soy sanado (véase Isaías 53:5), y creo que por su gracia soy más que vencedor (véase Romanos 8:37).

Estas cosas os he escrito a vosotros que creéis en el nombre del Hijo de Dios, para que sepáis que tenéis vida eterna. (1 Juan 5:13)

Si tengo vida eterna, tengo sanidad.

Tengo todas mis necesidades cubiertas, así que *"todo lo puedo en Cristo que me fortalece"* (Filipenses 4:13).

No necesito batallar; no tengo que hacer largas y agónicas oraciones; no necesito ayunar para sentirme digno.

¡Es mío!

Bendito sea el Dios y Padre de nuestro Señor Jesucristo, que nos bendijo con toda bendición espiritual. (Efesios 1:3)

¿Cómo obtengo estas bendiciones?

Lo único que tiene que hacer es pedir y luego darle gracias a Él por ellas.

El agradecimiento abre la puerta; la alabanza la mantiene abierta.

Durante años nos han enseñado que debemos luchar, sufrir y clamar para recibir la respuesta. Todo eso es el trabajo de la incredulidad. Se desarrolla debido a nuestra ignorancia de la Palabra y de nuestros derechos en Cristo.

Así que, ninguno se gloria en los hombres; porque todo es vuestro. (1 Corintios 3:21)

Y vosotros estáis completos en el, que es la cabeza de todo principado potestad.
(Colosenses 2:10)

Y sometió todas las cosas bajo sus pies, y lo dio por cabeza sobre todas las cosas a la Iglesia.
(Efesios 1:22)

Satanás ha sido vencido. Somos más que vencedores por medio de Aquel que nos amó. No tenemos necesidad de rogar y llorar. Hacerlo deshonra al Padre.

Capítulo 17

"En mi nombre"

*E*stamos entrando en la era del dominio ligado a la omnipotencia, llena de Aquel que es mayor que el que está en el mundo, llena de la sabiduría de Aquel que habló y se formó el universo, y llena con un derecho legal a usar su nombre en cada situación difícil de nuestra vida.

> *Y todo lo que pidiereis al Padre en mi nombre, lo haré, para que el Padre sea glorificado en el Hijo.* (Juan 14:13)

Esto no es una oración, sino una promesa del uso de su nombre en la oración. Es el nombre que usó Pedro cuando sanó al mendigo en el templo.

> *Y era traído un hombre cojo de nacimiento, a quien ponían cada día a la puerta del templo que se llama la Hermosa, para que pidiese limosna de los que entraban en el templo. Este, cuando vio a Pedro y a Juan que iban a entrar en el templo, les rogaba que le diesen limosna. Pedro, con Juan, fijando en él los ojos, le dijo: Míranos. Entonces él les estuvo atento, esperando recibir de ellos algo. Más pero dijo: No tengo plata ni oro, pero lo que tengo te doy; en el nombre de Jesucristo de Nazaret, levántate y anda. Y tomándole por la mano derecha le levantó; y al momento se le afirmaron los pies*

y tobillos; y saltando, se puso en pie y anduvo;
y entró con ellos en el templo, andando, y sal-
tando, y alabando a Dios. Y todo el pueblo le
vio andar y alabar a Dios.   (Hechos 3:2–9)

Pedro uso el nombre. Dijo: *"En el nombre de Jesu-*
cristo de Nazaret, levántate y anda". De repente, este
hombre que había sido cojo de nacimiento se puso en
pie, perfectamente bien y fuerte.

Jesús dijo: *"Y todo lo que pidiereis al Padre en mi*
nombre, lo haré".

En cierta ocasión se me acercó una mujer con
cáncer de mama. Era algo que llevaba allí más de
un año, y durante ese tiempo la mujer había sufrido
un dolor constante y muy agudo.
En el nombre de Jesús, ordené al
cáncer que dejara de existir. Al día
siguiente, ella regresó diciéndome
que el cáncer había desaparecido.
Era libre del dolor.

> *Satanás sabe*
> *que está*
> *derrotado. Sabe*
> *que cuando*
> *usamos el*
> *nombre de*
> *Jesucristo, se*
> *tiene que ir.*

Otra mujer vino a mí con un
tumor cancerígeno. También fue
sana en el nombre de Jesús.

Casos de tuberculosis, artri-
tis y cáncer son derrotados usando
el nombre de Jesucristo. Ninguna
enfermedad o dolencia puede permanecer ante ese
nombre. Jesús dijo: *"En mi nombre echarán fuera de-*
monios" (Marcos 16:17).

Satanás sabe que está derrotado. Sabe que cuando usamos el nombre de Jesucristo, se tiene que ir.

Para que todo lo que pidiereis al Padre en mi
nombre, el os lo dé.   (Juan 15:16)

En griego, la palabra traducida como *"pidiereis"* significa "exigir". Usted no está exigiéndole nada a Dios. Les está exigiendo a esas fuerzas malvadas e injuriosas que sean rotas, que las enfermedades sean destruidas, que las circunstancias cambiarán y que el dinero llegará.

Jesús se ocupará de eso que usted está exigiendo en su nombre.

Hasta ahora nada habéis pedido en mi nombre; pedid, y recibiréis, para que vuestro gozo sea cumplido. Estas cosas os he hablado en alegorías; la hora viene cuando ya no os hablaré por alegorías, sino que claramente os anunciaré acerca del Padre. En aquel día pediréis en mi nombre; y no os digo que yo rogaré al Padre por vosotros, pues el Padre mismo os ama, porque vosotros me habéis amado, y habéis creído que yo salí de Dios.

(Juan 16:24–27)

Lea cuidadosamente estos versículos, y tendrá una idea de su derecho legal a usar el nombre de Jesús. *"Hasta ahora nada habéis pedido en mi nombre; pedid, y recibiréis, para que vuestro gozo sea cumplido".*

Estamos en la familia de Dios. Como estamos en la familia de Dios, tenemos derecho legal a estas cosas.

Bendito sea el Dios y Padre de nuestro Señor Jesucristo, que nos bendijo con toda bendición espiritual en los lugares celestiales en Cristo.

(Efesios 1:3)

Lo que hizo Jesús fue para nosotros.

Cómo usar el nombre

El nombre de Jesús se usa de dos formas principales.

Primero, se usa cuando oramos al Padre.

De cierto, de cierto os digo, que todo cuanto pidiereis al Padre en mi nombre, os lo dará.

(Juan 16:23)

Debemos orar al Padre en el nombre de Jesús; no debemos hacerlo al dirigirnos al Espíritu Santo o a Cristo. Este es el orden divino. Su idea o mi idea, o la idea de cualquier otro hombre, no tienen validez.

Jesús está entre nosotros y el Padre en su ministerio mediador de Sumo Sacerdote para hacer que ocurra, y declara que cualquier cosa que pidamos en ese nombre, el Padre nos lo dará.

Es definitivo. Es absoluto.

Cuando uso su nombre, puedo imponer mis manos sobre una persona y decir algo así: "En el nombre de Jesucristo, cuerpo, obedece la Palabra. La Palabra declara que por su llaga has sido sanado. Te ordeno, espíritu de enfermedad, ¡que abandones este cuerpo ahora". Proceda a nombrar la enfermedad concreta, como cáncer, tuberculosis o cualquier otro mal.

El demonio de enfermedad se irá, y la persona será sanada.

Uso del nombre en la actualidad

Quizá se pregunte por qué la iglesia no usa mucho el nombre de Jesús en estos días. Creo que Satanás nos ha mantenido cegados a su uso.

En mi ciudad de Seattle, casi ninguna de las iglesias usa el nombre de Él en sus ministerios diarios.

Los enfermos se llevan al hospital para que los doctores los atiendan.

Sin embargo, en nuestra propia congregación, es un hecho notable que prácticamente no tengamos enfermedades. Cuando surge la enfermedad, las personas oran unos por otros, y se producen sanidades.

> *Nuestro problema no tiene que ver con la fe; tiene que ver con la obediencia, con atrevernos a imponer las manos sobre los enfermos y verles sanar.*

En Hechos 4:13–20 encontramos un relato de una prueba de Pedro y Juan, donde les acusaron de sanar a un hombre en el nombre de Jesús.

Y viendo al hombre que había sido sanado, estaba en pie con ellos, no podían decir nada en contra... Sin embargo, para que no se divulgue más entre el pueblo, amenacémosles para que no hablen de aquí en adelante a hombre alguno en este nombre. (versículos 14, 17)

¿Por qué les dirían las autoridades a Pedro y a Juan que dejaran de usar el nombre de Jesús? Pusieron objeciones al uso del nombre de Jesús porque tenían envidia del poder de sanidad que había en él.

Jesucristo es el mismo ayer, y hoy, y por los siglos. (Hebreos 13:8)

Hay tanto poder en el nombre actualmente como lo había entonces. Nuestro problema no tiene que ver con la fe; tiene que ver con la obediencia, con atrevernos a imponer las manos sobre los enfermos y verles sanar.

Es un problema de no atrevernos a orar al Padre en el nombre de Jesús para que se produzcan milagros.

Permanezca firme en sus derechos del pacto de sangre. ¡Atrévase a usar el nombre!

Capítulo 18

Lo que enseña la comunión

Hay dos características destacadas de Dios Padre y de Jesús. De hecho, son mucho más que características; son parte de su carácter.

Amor

Dios es amor. No sólo es un Dios amoroso, sino que también es Dios Padre. Él habló, y se formó el universo. Cuando la humanidad se desvió, Dios creyó que podía hacerle regresar, que el desafío del amor le alcanzaría. Creyó que la humanidad podía convertirse en nueva criatura, y continúa creyendo que las personas pueden vivir en victoria hoy.

Dios es Dios Padre; Jesús es como su Padre. Jesús vino al mundo para presentarnos a su Padre y el amor de su Padre. Fue una presentación de un nuevo tipo de amor para una humanidad rota y a la deriva.

> *Jesús vino al mundo para presentarnos a su Padre y el amor de su Padre. Fue una presentación de un nuevo tipo de amor para una humanidad rota y a la deriva.*

El amor es el único atractivo universal para el hombre. El amor es un atractivo para el corazón del hombre. La fe es un atractivo para la imaginación del hombre, pero el amor es el verdadero atractivo.

Porque de tal manera amor Dios al mundo,
que ha dado a su Dijo unigénito, para que
todo aquel que en él cree, no se pierda, más
tenga vida eterna.   (Juan 3:16)

Jesús nos amó tanto que dio su vida por nosotros.

Fe

Jesús creyó como el Padre creyó. Jesús actuó en base a su fe. Creyó que si se convertía en nuestro sustituto, nosotros responderíamos. Creyó que si le demostraba al mundo que nos amaba tanto como para sufrir tormentos y morir por nosotros, habría una respuesta.

Actuó en base a su fe. Él tiene fe en la humanidad actualmente. Tiene fe en la iglesia. Tiene fe en que su propia Palabra viva vencerá. Tiene fe en el amor.

Cuando participamos de la comunión, es una confesión de nuestra fe y lealtad al amor, así como la entrega del Padre de Jesús fue una confesión de su amor. El que Jesús viniera y se diera a sí mismo por nosotros fue una confesión de su amor.

Ambos fueron leales al amor.

Así, pues, todas las veces que comer es este
pan, y de viereis esta copa, la muerte del Señor
anuncia es hasta que el venga.

(1 Corintios 11:26)

Fue un pacto. Cuando usted come el pan y bebe de la copa, está ratificando este pacto. Es un pacto de amor.

Primero, es su lealtad y amor por Jesús.

Segundo, es su lealtad y amor por su cuerpo: la iglesia.

Es una confesión de su amor los unos por los otros. Es una confesión de que come y bebe con ellos, y ahora, llevará usted sus cargas.

Usted se identifica con los demás, así como Jesucristo se identificó con usted en su encarnación y sustitución.

Esta es la actitud del Maestro en cuanto a la Mesa del Señor.

Cuando parto el pan y bebo de la copa, confieso mi lealtad no sólo a Él, sino también a cada miembro del cuerpo de Cristo que participa del pan y bebe de la copa conmigo. Si soy fuerte, llevo las cargas del débil. Adquiero su debilidad.

La necesidad de la hora

Estoy convencido de que este es el mensaje de la undécima hora, un mensaje para la iglesia hoy.

En los difíciles tiempos que tenemos por delante, vamos a necesitar todo lo que Dios pueda darnos, todo lo que Él pueda ser para nosotros, para poder estar firmes.

Verán, hermanos, esta enseñanza del pacto de sangre, esta enseñanza de relación, esta capacidad de usar el nombre de Jesús, es un mensaje para los tiempos que vienen. Nos permitirá estar firmes contra las fuerzas de las tinieblas.

En la Gran Comisión, en el evangelio de Marcos, Jesús dijo: *"En mi nombre echarán fuera demonios"* (Marcos 16:17). Creo que en los últimos tiempos los demonios van a ser mucho más prominentes.

Satanás sabe que sus días están limitados. Vamos a pasar a un periodo de conflicto espiritual como nunca antes ha conocido la iglesia. Esto no sólo incluirá persecución, sino también que los demonios romperán y aplastarán el espíritu de muchos cristianos.

La iglesia debe aprender el secreto de estar firme contra los ejércitos de las tinieblas en el nombre de Jesús.

El pacto de sangre

Tengo derecho a la gracia en el lugar más difícil,
sobre la base del pacto de sangre.
Tengo derecho a una paz que nunca puede cesar,
sobre la base del pacto de sangre.
Tengo derecho a un gozo que nunca
puede empalagar,
sobre la base del pacto de sangre.
Tengo derecho al poder, sí, en esta misma hora,
sobre la base del pacto de sangre.
Tengo derecho a la sanidad mediante las
riquezas de mi Padre,
sobre la base del pacto de sangre.
Cuando acepto mi sanidad, el poder de Satanás
se tiene que romper,
sobre la base del pacto de sangre.
Tengo un derecho legal ahora, para ganar
esta batalla,
sobre la base del pacto de sangre.

Acerca del autor

*E*l Dr. E. W. Kenyon nació en el condado de Saratoga, Nueva York, siendo el cuarto hijo de una familia de diez. Cuando era adolescente, su familia se mudó a Amsterdam, Nueva York, a Mohawk Valley. Creció en Amsterdam, estudió en Amsterdam Academy, y a los diecinueve años predicó su primer sermón en la iglesia metodista que allí había.

Pastoreó varias iglesias en los estados de Nueva Inglaterra. A los treinta años, fundó y se convirtió en el presidente del Instituto Bíblico Bethel, en Spencer, Massachusetts. (Esta escuela después se trasladó a Providence, Rhode Island, y se conoce como Instituto Bíblico Providence).

Tras viajar por todo el noreste, predicando el evangelio y viendo la salvación y la sanidad de miles de personas, Kenyon se mudó a California, donde siguió viajando en su obra evangelística. Fue pastor de una iglesia en Los Ángeles durante varios años y fue uno de los pioneros de la obra en la radio en la costa del Pacífico.

En 1931 llegó a Northwest, y durante muchos años su retrasmisión matutina *Kenyon's Church of the Air*, fue una inspiración y bendición para miles de personas. Fundó la iglesia New Covenant Baptist Church en Seattle y fue su pastor durante muchos años.